Publications des « TEMPS NOUVEAUX » — N° 72

Pierre KROPOTKINE

L'Action Anarchiste dans la Révolution

Prix : 10 centimes

Aux Bureaux des « TEMPS NOUVEAUX », rue Broca, 4, Paris

Groupe de Propagande par la Brochure

La propagande par la Brochure est une des meilleures propagandes si on peut la faire avec suite.

Le Révolté, La Révolte, Les Temps Nouveaux s'y sont employés de leur mieux. A l'heure actuelle, plus de 80 brochures diverses, dont les différents tirages réunis, dépassent un million d'exemplaires, ont été lancées par eux.

Malheureusement, les fonds manquent pour pouvoir en imprimer plus souvent de nouvelles, ou réimprimer, lorsque c'est nécessaire, celles qui sont épuisées.

Il s'agit donc de trouver **500** souscripteurs s'engageant à verser chacun **12** fr. par an. Nous serions alors en mesure d'imprimer chaque mois — ou de réimprimer parmi celles épuisées — une nouvelle brochure de **0** fr. **10** ou deux de **0** fr. **05**.

Par contre, voici les avantages que nous offrons aux souscripteurs :

1° A chaque tirage, il leur sera expédié autant d'exemplaires que le comportera le montant de leur souscription calculé avec une remise de 40 0/0, frais d'envoi déduits

Ce qui leur permettra de s'employer à la propagande, en faisant circuler les brochures parmi ceux qu'ils connaissent, soit en les distribuant eux-mêmes, soit par la poste lorsqu'ils ne voudront pas faire savoir qu'ils s'intéressent à la propagande;

2° A chaque souscripteur qui sera libéré de sa souscription, il sera envoyé une lithographie spécialement tirée pour les souscripteurs.

Cette lithographie qui sera demandée à l'un des artistes qui ont déjà donné au journal, ne sera pas mise en vente et vaudra à elle seule, largement, le prix de souscription ;

3° A ceux qui souscriront **15** francs par an, il sera expédié un nombre de brochures dont le montant égalera celui de la souscription, calculé, toujours avec une remise de 40 0/0, plus une eau-forte qui, elle aussi, sera tirée spécialement pour eux, et non mise dans le commerce.

Ceux qui savent le prix d'une eau-forte artistique apprécieront le cadeau que nous leur offrons ;

4° A ceux qui souscriront au-dessus de **15** francs, il sera fait cadeau de la lithographie et de l'eau-forte.

Au camarade qui nous trouvera **10** souscripteurs, il sera fait cadeau de la lithographie. — Celui qui en trouvera **20**, recevra l'eau-forte.

Les souscriptions peuvent être versées par fractions mensuelles ou trimestrielles, etc., au gré des souscripteurs.

A ceux qui s'engageront mensuellement et qui ne se libéreraient pas de leur promesse, il sera, à la fin du trimestre, adressé un remboursement pour les 3 mois.

Adresser les souscriptions au camarade Ch. BENOIT,
3, rue Bérite, PARIS.

N.-B. — En discutant avec des camarades, il est facile de leur glisser une brochure, et de leur arracher deux sous. Les souscripteurs pourront ainsi récupérer le montant de leur souscription, et augmenter leur propagande.

Brochures à l'étude : *Origines et morale du Christianisme*, de Letourneau. — *La République des financiers*, de Delaisi — *L'Anarchie dans l'évolution socialiste*, de Kropotkine. — *La Morale anarchiste*, de Kropotkine, etc., etc.

Publications des *TEMPS NOUVEAUX*. — N° 72

Pierre KROPOTKINE

L'ACTION ANARCHISTE DANS LA RÉVOLUTION

Prix : 10 centimes

PARIS
LES TEMPS NOUVEAUX
4, Rue Broca, 4
—
1914

Les pages suivantes sont la reproduction d'articles qui furent publiés dans *Les Temps Nouveaux*. Ils faisaient partie d'une série qui paraissait alors sous le titre général : *L'Idée révolutionnaire dans la Révolution*, et dont la première moitié a déjà été reproduite dans la série de brochures des *Temps Nouveaux*, sous les titres : *L'Idée révolutionnaire dans la Révolution* (n° 64) et *Le Principe anarchiste* (n° 67).

Nous vivons à l'approche de graves événements. C'est pourquoi les travailleurs et tous ceux qui tiennent à cœur le succès de la Révolution prochaine feront bien de méditer sur les idées exprimées dans ces pages et d'en chercher l'application dans la vie, s'ils les approuvent.

Mai 1914. Pierre KROPOTKINE.

L'ACTION ANARCHISTE DANS LA RÉVOLUTION

I

Le massacre des bourgeois en vue du triomphe de la Révolution est un rêve insensé. Leur nombre même s'y oppose ; car outre les millions de bourgeois qui devraient disparaître dans l'hypothèse des Fouquier-Tinville modernes, il y aurait encore les millions de travailleurs demi-bourgeois qui devraient les suivre. En effet, ceux-ci ne demandent qu'à devenir bourgeois à leur tour, et ils s'empresseraient de le devenir, si l'existence de la bourgeoisie n'était frappée que dans ses résultats et non dans ses causes. Quant à la Terreur organisée et légalisée, elle ne sert, en réalité, qu'à forger des chaînes pour le peuple. Elle tue l'initiative individuelle, qui est l'âme des révolutions ; elle perpétue l'idée de gouvernement fort et obéi ; elle prépare la dictature de celui qui mettra la main sur le tribunal révolutionnaire et saura le manier, avec ruse et prudence, dans l'intérêt de son parti.

Arme des gouvernants, la Terreur sert avant tout les chefs des classes gouvernantes ; elle prépare le terrain pour que le moins scrupuleux d'entre eux arrive au pouvoir.

La Terreur de Robespierre *devait* aboutir à celle de Tallien, et celle-ci — à la dictature de Bonaparte. Robespierre couvait Napoléon.

Pour vaincre la bourgeoisie, il faut quelque chose de tout à fait différent de ce qui fait sa force actuelle, d'autres éléments que ceux qu'elle a si bien appris à manier. C'est pourquoi il faut voir d'abord ce qui fait sa force, et à cette force — en opposer une autre, supérieure.

Qu'est-ce qui a permis, en effet, aux bourgeois d'escamoter toutes les révolutions depuis le quinzième siècle ? d'en profiter pour asservir et agrandir leur domination, sur des bases autrement solides que le respect des superstitions religieuses ou le droit de naissance de l'aristocratie ?

— C'est l'Etat. C'est l'accroissement continuel et l'élargissement des fonctions de l'Etat, basé sur cette fondation bien plus solide que la religion ou le droit d'héridité — la Loi. Et tant que l'Etat durera, tant que la Loi restera sacrée aux yeux des peuples, tant que les révolutions à venir travailleront au maintien et à l'élargissement des fonctions de l'Etat et de la Loi — les bourgeois seront sûrs de conserver le pouvoir et de dominer les masses. Les légistes constituant l'Etat omnipotent, c'est l'origine de la bourgeoisie, et c'est encore l'Etat omnipotent qui fait la force actuelle de la bourgeoisie. Par la Loi et l'Etat les bourgeois se sont saisis du capital, et ils ont constitué leur autorité. Par la Loi et l'Etat, ils la maintiennent. Par la Loi et l'Etat, ils promettent encore de réparer les maux qui rongent la société.

***

En effet, tant que toutes les affaires du pays seront remises à quelques-uns, et que ces affaires auront la complexité inextricable qu'elles ont aujourd'hui — les bourgeois pourront dormir tranquilles. Ce sont eux qui, reprenant la tradition romaine de l'Etat omniscient, ont créé, élaboré, constitué ce mécanisme : ce sont eux qui en furent les soutiens à travers l'histoire moderne. Ils l'étudient dans leurs universités; ils le maintiennent dans leurs tribunaux, ils l'enseignent à l'école; ils le propagent, l'inculquent par la voie de leur presse.

Leur esprit est si bien façonné à la tradition de l'Etat, que jamais ils ne s'en départissent, même dans leurs rêves d'avenir. Leurs utopies en portent le cachet. Ils ne peuvent rien concevoir, en dehors des principes de l'Etat romain, concernant la structure de la Société. S'ils rencontrent des institutions, développées en dehors de ces conceptions, soit dans la vie des paysans français, soit ailleurs, ils les brisent plutôt que d'en reconnaître la raison. C'est ainsi que les jacobins ont continué l'œuvre de destruction des institutions populaires de la France, commencée par Turgot. Il abolissait les assemblées primaires de village, le *mir* qui vivait encore de son temps, le trouvant trop tumultueux, et insuffisamment ordonné. Les jacobins continuaient son œuvre : ils abolissaient les communautés de famille, qui avaient échappé à la hache du droit romain ; ils donnaient le coup de grâce à la possession communale du sol ; ils faisaient les lois draconiennes contre les du sol ; ils faisaient des lois draconiennes contre les les Vendéens par milliers que de se donner la peine de comprendre leurs institutions populaires. Et les jacobins modernes, en rencontrant la commune et la fédération des tribus parmi les Kabyles, préférèrent massacrer ces institutions par leurs tribunaux, que de déroger à leurs conceptions de propriété et d'hiérarchie romaines. Les bourgeois anglais en ont fait de même dans les Indes.

Ainsi, du jour où la Grande Révolution du siècle passé embrassa à son tour les doctrines romaines d'Etat omnipotent, sentimentalisées par Rousseau et représentées par lui avec une étiquette d'Egalité et de Fraternité romano-catholiques, du jour où elle prit pour base de l'organisation sociale, la propriété et le gouvernement électif, — c'est aux petits-fils des « légistes » du XVIIe siècle, aux bourgeois qu'incomba la tâche d'organiser et de gouverner la France selon ces principes. Le peuple n'avait plus rien à y faire, sa force créatrice étant dans une tout autre direction.

II

Si, par malheur, lors de la prochaine révolution, le peuple, encore une fois, ne comprend pas que sa mission historique est de briser l'Etat, créé par les codes de Justinien et les édits du pape ; s'il se laisse encore une fois éblouir par les conceptions romaines « légales », d'Etat et de propriété (ce à quoi les socialistes autoritaires travaillent drûment) — alors il devra encore une fois abandonner le soin d'établir *cette* organisation à ceux qui en sont les vrais représentants historiques — les bourgeois.

S'il ne comprend pas que la vraie raison d'être d'une révolution populaire est de démolir l'Etat, nécessairement hiérarchique, pour rechercher à sa place la libre entente des individus et des groupes, la fédération libre et temporaire (chaque fois dans un but déterminé); s'il ne comprend pas qu'il faut abolir la propriété et le droit de l'acquérir, supprimer le gouvernement des élus, qui est venu se substituer au libre consentement de tous; si le peuple renonce aux traditions de liberté de l'individu, de groupement volontaire et du libre consentement devenant la base des règles de conduite, — traditions qui ont fait l'essence de tous les mouvements populaires précédents et de toutes les institutions de création populaire; s'il abandonne ces traditions et reprend celles de la Rome romaine et catholique, — alors il n'aura que faire dans la révolution; il devra laisser tout à la bourgeoisie, et se borner à lui demander quelques concessions.

La conception étatiste est absolument étrangère au peuple. Heureusement, il n'y comprend rien, il ne sait pas s'en servir. Il est resté peuple; il est resté imbu de conceptions de ce que l'on appelle le droit *commun* — conceptions basées sur des idées de justice réciproque entre individus, sur des faits réels, tandis que le droit des Etats est basé, soit sur des conceptions métaphysiques, soit sur des fictions, soit sur des interprétations de mots, créés à Rome et à Byzance pendant une période de décomposition, pour justifier l'exploitation et la suppression des droits populaires.

Le peuple a essayé à plusieurs reprises de rentrer dans les cadres de l'Etat, de s'en emparer, de s'en servir. Il n'y a jamais réussi.

Et il finissait toujours par abandonner ce mécanisme d'hiérarchie et de lois à d'autres que lui : au souverain après les révolutions du seizième siècle; aux bourgeois après celles du dix-septième en Angleterre et du dix-huitième en France.

* *
*

La bourgeoisie, au contraire, s'est entièrement identifiée avec le droit des Etats. C'est ce qui fait sa force. C'est ce qui lui donne cette unité de pensée qui nous frappe à chaque instant.

En effet, un Ferry peut détester un Clemenceau; un Floquet, un Freycinet, un Ferry peuvent méditer les coups qu'ils préparent pour arracher la présidence à un Grévy ou à un Carnot; le pape et son clergé peuvent haïr les trois compères et leur couper l'herbe sous les pieds; le boulangiste peut envelopper dans ses haines le clergé et le pape, Ferry et Clemenceau. Tout cela se peut, et cela se fait. Mais, quelque chose de supérieur à ces inimitiés les unit tous, depuis la cocotte des boulevards, jusqu'au mielleux Carnot, depuis le ministre jusqu'au dernier professeur d'un lycée laïque ou religieux. C'est le culte de l'autorité.

Ils ne peuvent concevoir la société sans un gouvernement fort et obéi. Sans la centralisation, sans une hiérarchie rayonnant depuis Paris ou depuis Berlin jusqu'au dernier garde-champêtre et faisant marcher le dernier hameau sur les ordres de la capitale, ils ne voient que l'émiettement. Sans un code — création commune des Montagnards de la Convention et des princes de l'empire — ils ne voient qu'assassinats, incendies, coupe-gorges dans les rues. Sans la propriété garantie par le code, ils ne voient que des champs déserts et des villes en ruine. Sans une armée, abrutie jusqu'au point d'obéir aveuglément à ses chefs, ils voient le pays en proie aux envahisseurs; et sans les juges, enveloppés d'autant de respect que le *corpus dei* l'était au moyen âge, ils ne prévoient que la guerre de chacun contre tous. Le ministre et le garde-champêtre, le pape et l'instituteur sont absolument d'accord sur ces points. C'est ce qui fait leur force commune.

* *
*

Ils n'ignorent point que le vol est en permanence dans les ministères, civils et militaires. Mais « peu importe ! » disent-ils; ce ne sont que des accidents de personnes; et tant que les ministères existent, la bourse et la patrie ne sont pas en danger.

Ils savent que les élections se font avec de l'argent, des chopes de bière et des fêtes de bienfaisance, et que dans les Chambres les voix s'achètent par des places, des concessions et des vols. Peu importe ! — la loi votée par les élus du peuple, sera traitée par eux de sacrée. On l'éludera, on la violera si elle gêne, mais on fera des discours enflammés sur son caractère divin.

Le président du Conseil et le chef de l'opposition peuvent s'insulter mutuellement dans la Chambre ; mais, le tournoi de paroles fini, ils s'entourent mutuellement de respect : ils sont deux chefs, deux fonctions nécessaires dans l'Etat. Et si le procureur et l'avocat se lancent des insultes par dessus la tête de l'accusé et se traitent mutuellement (en langage fleuri) de menteur et de coquin, — les discours finis, ils se serrent la main et se félicitent l'un l'autre de leurs péroraisons « palpitantes ». Ce n'est pas hypocrisie, ce n'est pas du savoir vivre. Du fond de son cœur l'avocat admire le procureur et le procureur admire l'avocat ; ils voient l'un dans l'autre quelque chose de supérieur à leurs personnalités · deux fonctions, deux représentants de la justice, du gouvernement, de l'Etat. Toute leur éducation les a préparés à cette manière de voir qui permet d'étouffer les sentiments humains sous des formules de la loi. Jamais le peuple n'arrivera à cette perfection, et il ferait mieux de ne jamais vouloir s'y essayer.

***

Une adoration commune, un culte commun unit tous les bourgeois, tous les exploiteurs. Le chef du pouvoir et le chef de l'opposition légale, le pape et l'athée bourgeois adorent également un même dieu, et ce dieu d'autorité réside jusque dans les coins les plus cachés de leurs cerveaux. C'est pourquoi ils restent unis, malgré leurs divisions. Le chef de l'Etat ne se séparerait du chef de l'opposition et le procureur de l'avocat que le jour où celui-là mettrait en doute l'institution même du parlement, et où l'avocat traiterait le tribunal même en vrai nihiliste, c'est-à-dire nierait son droit à l'existence. Alors, mais alors seulement, ils pourraient se séparer. En attendant, ils sont unis pour vouer leurs haines à ceux qui minent la suprématie de l'Etat et détruisent le respect de l'autorité. Contre ceux-ci ils sont implacables. Et si les bourgeois de l'Europe entière ont voué tant de haines aux travailleurs de la Commune de Paris — c'est qu'ils croyaient voir en eux de vrais révolutionnaires, prêts à jeter par dessus bord l'Etat, la propriété et le gouvernement représentatif.

On comprend quelle force ce culte commun du pouvoir hiérarchique donne à la bourgeoisie.

Si pourrie qu'elle soit dans les trois-quarts de ses représentants, elle a encore dans son sein un bon quart d'hommes qui tiennent ferme le drapeau de l'Etat. Apres à la besogne, appliqués à la tâche aussi bien par leur religion légalitaire que par les appétits de pouvoir, ils travaillent sans relâche à affermir et propager ce culte. Toute une littérature immense, toutes les écoles sans exception, toute la presse sont à leur service, et dans leur jeunesse surtout, ils travaillent sans relâche à combattre toutes les tentatives d'entamer la conception étatiste légalitaire. Et quand des moments de lutte arrivent — tous, les décavés comme les vigoureux, se rangent serrés autour de ce drapeau. Ils savent qu'ils règneront, tant que ce drapeau flottera.

On comprend aussi, combien il est insensé de vouloir ranger la révolution sous ce drapeau, de chercher à amener le peuple, à l'encontre de toutes ses traditions à accepter ce même principe, qui est celui de la domination et de l'exploitation. L'autorité est *leur* drapeau, et tant que le peuple n'en aura pas *un autre*, qui sera l'expression de *ses* tendances de communisme, anti-légalitaires et anti-étatistes, — anti-romaines en un mot — force sera pour lui de se laisser mener et dominer par les autres.

C'est ici surtout que le révolutionnaire doit avoir l'audace de la pensée. Il doit avoir l'audace de rompre entièrement avec la tradition romano-catholique ; il doit avoir le courage de se dire que le peuple a à élaborer lui-même toute l'organisation des sociétés sur des bases de justice réelle, telle que la conçoit le droit commun populaire.

III

L'abolition de l'Etat, voici, disons-nous, la tâche qui s'impose au révolutionnaire — à celui, du moins, qui a l'audace de la pensée, sans laquelle on ne fait pas de révolutions. En cela, il a contre lui toutes les traditions de la bourgeoisie. Mais il a pour lui toute l'évolution de l'humanité qui nous impose à ce moment historique de nous affranchir d'une forme de groupement, rendue, peut-être, nécessaire par l'ignorance des temps passés, mais devenue hostile désormais à tout progrès ultérieur.

Cependant, l'abolition de l'Etat resterait un vain mot si les causes qui tendent aujourd'hui à produire la misère continuaient à fonctionner. Comme la richesse des puissants, comme le capital et l'exploitation, l'Etat est né de l'appauvrissement d'une partie de la société. Il a toujours fallu que quelques-uns tombent dans la misère, à la suite de migrations, d'invasions, de pestes ou de famines, pour que les autres s'enrichissent et acquièrent une autorité, qui pouvait croître désormais en rendant les moyens d'existence des masses de plus en plus incertains.

La domination politique ne peut donc pas être abolie sans abolir les causes mêmes de l'appauvrissement, de la misère des masses.

Pour cela — nous l'avons dit bien des fois — nous ne voyons qu'un moyen.

C'est d'assurer, d'abord, l'existence et même l'aisance à tous, et de s'organiser de manière à produire, sociétairement, tout ce qui est nécessaire pour assurer l'aisance. Avec les moyens de production actuels, c'est plus que possible : c'est facile.

C'est d'accepter ce qui résulte de toute l'évolution économique moderne; c'est-à-dire, *concevoir la société entière comme un tout, qui produit des richesses, sans qu'il soit possible de déterminer la part qui revient à chacun dans la production.* C'est de s'organiser en société communiste, — non pas pour des considérations de justice absolue, mais parce qu'il est devenu impossible de déterminer la part de l'individu dans ce qui n'est plus une œuvre individuelle.

Comme on le voit, le problème qui se dresse devant le révolutionnaire de notre siècle est immense. Il ne s'agit plus d'une simple négation : — d'abolir, par exemple, le servage, ou de renoncer à la suprématie du pape.

Il s'agit d'une œuvre constructive : d'ouvrir une nouvelle page de l'histoire universelle, d'élaborer un ordre de choses tout nouveau, basé — non plus sur la solidarité au sein de la tribu, ou de la communauté de village, ou de la cité, mais sur la solidarité et l'égalité de tous. Les tentatives de solidarité limitée, soit par des liens de parenté, soit par des délimitations territoriales, soit par des liens de guildes ou de classes, ayant échoué, nous sommes amenés à travailler à l'élaboration d'une société, basée sur une conception autrement vaste que ce qui servit à maintenir les sociétés du moyen âge ou de l'antiquité.

Le problème à résoudre n'a certainement pas la simplicité sous laquelle on l'a si souvent présenté. Changer les hommes au pouvoir et rentrer chacun dans son atelier pour y reprendre le travail d'hier, mettre en circulation des bons de travail et les échanger contre des marchandises — ces solutions simplistes ne suffiraient pas; cela ne vivrait pas, puisque la production actuelle est tout aussi fausse dans les buts qu'elle poursuit que dans les moyens qu'elle met en jeu.

Faite pour maintenir la pauvreté, elle ne saurait assurer l'abondance, — et c'est l'abondance que les masses réclament depuis qu'elles ont compris leur force productive, immensifiée par les progrès de la science et de la technique modernes. Elaborée en vue de tenir les masses dans un état voisin de la misère, avec le spectre de la faim toujours prêt à forcer l'homme à vendre ses forces aux détenteurs du sol, du capital et du pouvoir, — comment l'organisation actuelle de la production donnerait-elle le bien-être ?

Elaborée en vue de maintenir la hiérarchie des travailleurs, faite pour exploiter le paysan au profit de l'ouvrier industriel, le mineur au profit du mécanicien, l'artisan au profit de l'artiste, et ainsi de suite, pendant que les pays civilisés exploiteront les pays arriérés en civilisation, — comment l'agriculture et l'industrie, telles qu'elles sont aujourd'hui, pourraient-elles assurer l'égalité ?

Tout le caractère de l'agriculture, de l'industrie, du travail, a besoin d'être changé entièrement, une fois que la société revient à cette idée que le sol, la machine, l'usine doivent être des champs d'application du travail, en vue de donner le bien être à tous. Avant de rentrer à l'atelier, « après la révolution », comme nous disent les faiseurs d'utopies socialistes-autoritaires, il faudra encore savoir, si tel atelier, telle usine, produisant des instruments perfectionnés d'instruction ou d'abrutissement, a sa raison d'être; si le champ doit être parcellé ou non, si la culture doit se faire comme chez les barbares d'il y a quinze cents ans, ou si elle doit se faire en vue de donner la plus grande somme de produits nécessaires à l'homme ?

C'est toute une période de transformations à traverser. C'est la révolution à porter dans l'usine et dans le champ, dans la chaumière et dans la maison urbaine, dans l'outil de labour, comme dans la machine puissante des grands ateliers, dans le groupement des cultivateurs, comme dans les groupements des ouvriers de la manufacture, ainsi que dans les rapports économiques entre tous ceux qui travaillent, dans l'échange et le commerce, qui sont aussi à socialiser, comme la consommation et la production.

Il faut, en outre, que tout le monde vive pendant cette période de transformation, que tout le monde se sente plus à l'aise que dans le passé.

***

Lorsque les habitants des communes du douzième siècle entreprirent de fonder dans les cités révoltées une société nouvelle, affranchie du seigneur, ils commencèrent par conclure un pacte de solidarité entre tous les habitants. Les mutins des communes jurèrent l'appui mutuel; ils firent ce qu'on appela les « conjurations » des communes.

C'est par un pacte du même genre que devra commencer la révolution sociale. Un pacte pour la vie en commun — non pour la mort; d'union et non pas d'extermination mutuelle. Un pacte de solidarité, pour considérer tout l'héritage du passé comme possession commune, un pacte pour partager selon les principes de l'équité tout ce qui pourra servir à traverser la crise : vivres et munitions, habitations et forces emmagasinées, outils et machines, savoir et pouvoir — un pacte de solidarité pour la consommation des produits, comme pour l'usage des moyens de production.

Forts de leurs conjurations, les bourgeois du douzième siècle, — *au moment même de commencer la lutte* contre le seigneur, pour pouvoir exister pendant cette lutte et la mener à bonne fin, — se mirent à organiser leurs sociétés de guildes et de métier. Ils réussirent ainsi à garantir un certain bien-être aux citadins. De même, forte du pacte de solidarité qui aura lié la société entière pour traverser les moments joyeux ou difficiles, et partager les conquêtes comme les défaites, la révolution pourra alors entreprendre en pleine sécurité l'œuvre immense de réorganisation de la production qu'elle aura devant soi. Mais ce pacte, elle devra le conclure, si elle veut vivre.

Et dans son œuvre nouvelle, qui devra être une œuvre constructive, les masses populaires devront compter surtout sur leurs propres forces, sur leur initiative et leur génie organisateur, sur leur capacité d'ouvrir des voies nouvelles, parce que toute l'éducation de la bourgeoisie s'est faite dans une voie absolument opposée.

Le problème est immense. Mais ce n'est pas en cherchant à l'amoindrir d'avance que le peuple trouvera les forces nécessaires pour le résoudre. C'est au contraire en le concevant dans toute sa grandeur, c'est en puisant son inspiration dans les difficultés mêmes de la situation, qu'il trouvera le génie nécessaire pour vaincre.

Tous les progrès réellement grands de l'humanité, toutes les actions réellement grandes des peuples, se sont faites de cette façon et c'est dans la conception de toute la grandeur de sa tâche que la révolution puisera ses forces.

Ne faut-il donc pas que le révolutionnaire ait pleine conscience de la tâche qui lui incombe ? qu'il ne ferme pas les yeux sur les difficultés ? qu'il sache les regarder en face ?

C'est en faisant une conjuration contre tous les maîtres — une conjuration pour garantir à tous la liberté et à tous un certain bien-être — que les citadins révoltés débutèrent au douzième siècle. C'est aussi par une conjuration pour garantir à tous le pain et la liberté que devra débuter la révolution sociale. Que *tous*, sans aucune exception, sachent que quoiqu'il arrive à la révolution, sa première pensée sera toujours donnée à pourvoir le pain, le gîte, le vêtement aux habitants de la cité ou du territoire, — et dans ce seul fait de solidarité générale, la révolution trouvera des forces qui ont manqué aux révolutions précédentes.

Mais pour cela, il faut renoncer aux errements de l'ancienne économie politique bourgeoise. Il faut se défaire pour toujours du salariat sous toutes ses formes possibles, et envisager la société comme un grand tout, organisé pour produire la plus grande somme possible de bien-être, avec la moindre perte de forces humaines. Il faut s'habituer à considérer la rémunération personnelle des services comme une impossibilité, comme une tentative échouée du passé, comme un encombrement pour l'avenir, si elle continuait d'exister.

Et il faut se défaire, non seulement en principe, mais jusque dans les moindres applications, du principe d'autorité, de la concentration des fonctions qui fait l'essence de la société actuelle.

Tel étant le problème, il serait bien triste si les travailleurs révolutionnaires s'illusionnaient sur sa simplicité, ou s'ils ne cherchaient déjà à se rendre compte sur la façon dont ils entendent le résoudre.

IV

La bourgeoisie est une force, non seulement parce qu'elle possède la richesse, mais *surtout parce qu'elle a mis a profit le loisir que lui donnait la richesse pour s'instruire dans l'art de gouverner et pour élaborer une science qui sert à justifier la domination.* Elle sait ce qu'elle veut, elle sait ce qu'il faut pour que son idéal de société se maintienne ; et tant que le travailleur *ne saura pas*, lui aussi, ce qu'il lui faut, et comment y arriver, il devra rester l'esclave de celui qui *sait*.

Il serait certainement absurde de vouloir élaborer, dans l'imagination, une société telle qu'elle devra sortir de la révolution. Ce serait du bysantinisme que de se quereller d'avance sur les moyens de pourvoir à tel besoin de la société future, ou sur la façon d'organiser tel détail de la vie publique. Les romans que nous faisons sur l'avenir ne sont destinés qu'à préciser nos aspirations, à démontrer la possibilité d'une société sans maître, à voir si l'idéal *peut* être appliqué, sans se heurter à des obstacles insurmontables. Le roman reste roman. Mais il y a toujours certaines grandes lignes, sur lesquelles il faut tomber d'accord pour construire quoi que ce soit.

Les bourgeois de 1789 savaient parfaitement qu'il serait oiseux de discuter les détails du gouvernement parlementaire qu'ils rêvaient ; mais ils étaient d'accord sur deux points essentiels : ils voulaient un gouvernement fort, et ce gouvernement devait être représentatif. Plus que cela : il devait être centralisé, ayant pour organes dans les provinces une hiérarchie de fonctionnaires, ainsi que toute une série de petits gouvernements dans les municipalités élues. Mais aussi, il devait être constitué de deux branches séparées : le pouvoir législatif et le pouvoir exécutif. Ce qu'ils appelaient « la justice » devait être indépendant du pouvoir exécutif, et aussi, jusqu'à un certain degré, du pouvoir législatif.

Sur deux points essentiels de la question économique ils étaient d'accord. Dans leur idéal de société la propriété privée devait être mise hors de discussion, et la soi-disant « liberté du contrat » devait être proclamée comme principe fondamental de l'organisation. Ce qui plus est, les meilleurs d'entre eux croyaient, en effet, que ce principe allait réellement régénérer la société et devenir une source d'enrichissement pour tous.

D'autant plus accommodants sur les détails qu'ils étaient fermes sur ces points essentiels, ils purent, en un an ou deux, totalement réorganiser la France selon leur idéal et lui donner un code civil (usurpé plus tard par Napoléon), — code qui fut copié plus tard par les bourgeoisies européennes, dès qu'elles arrivaient au pouvoir.

Ils travaillaient à cela avec un ensemble merveilleux. Et si, plus tard, des luttes terribles surgirent dans la Convention, ce fut parce que le peuple, se voyant trompé dans ses espérances, vint avec de nouvelles réclamations, que ses meneurs ne comprirent même pas, ou que quelques-uns d'entre eux cherchèrent vainement à concilier avec la révolution bourgeoise.

Les bourgeois savaient ce qu'ils voulaient ; ils y avaient pensé dès longtemps. Pendant de longues années, ils avaient nourri un idéal de gouvernement ; et quand le peuple se souleva, ils le firent travailler à la réalisation de leur idéal, en lui faisant quelques concessions secondaires sur certains points, tels que l'abolition des droits féodaux ou l'égalité devant la loi (*).

***

Sans s'embrouiller dans les détails, les bourgeois avaient établi, bien avant la révolution, les grandes lignes de l'avenir. Pouvons-nous en dire autant des travailleurs ?

Malheureusement non. Dans tout le socialisme moderne, et surtout dans sa fraction modérée, nous voyons une tendance prononcée à ne pas approfondir les principes de la société que l'on voudrait faire triompher par la révolution. Cela se comprend. Pour les modérés, parler révolution c'est déjà se compromettre, et ils entrevoient que s'ils traçaient devant les travailleurs un simple plan de réformes, ils perdraient leurs plus ardents partisans. Aussi préfèrent-ils traiter avec mépris ceux qui parlent de société future ou cherchent à préciser l'œuvre de la révolution. « On verra cela plus tard, on choisira les meilleurs hommes, et ceux-ci feront tout pour le mieux ! » Voilà leur réponse.

(*) Voyez *la Grande Révolution*. Paris. (Stock éditeur.) 1908.

Et quant aux anarchistes, la crainte de se voir divisés sur des questions de société future et de paralyser l'élan révolutionnaire, opère dans le même sens; on préfère généralement, entre travailleurs, renvoyer à plus tard les discussions, que l'on nomme (à tort, bien entendu), théoriques, et l'on oublie que peut-être dans quelques années on sera appelé à donner son avis sur toutes les questions de l'organisation de la société, depuis le fonctionnement des fours à pain jusqu'à celui des écoles ou de la défense du territoire, — et que l'on n'aura même pas devant soi les modèles de la révolution anglaise, dont s'inspiraient les Girondins au siècle passé.

⁂

On est trop porté, dans les milieux révolutionnaires, à considérer la révolution comme une grande fête, pendant laquelle tout s'arrangera de soi-même pour le mieux. Mais, en réalité, le jour où les anciennes institutions auront croulé, le jour où toute cette immense machine — qui, tant bien que mal, supplée aux besoins quotidiens du grand nombre, — cessera de fonctionner, il faudra bien que le peuple lui-même se charge de réorganiser la machine détraquée.

Rien qu'à faire des décrets, copiés sur les vieux clichés républicains, connus par cœur de longue date, les Lamartine et les Ledru-Rollin passaient des vingt-quatre heures à travailler de la plume. Mais que disaient ces décrets ? — Ils ne faisaient que répéter les phrases sonores que l'on avait débitées depuis des années dans les réunions et les clubs républicains, et ces décrets ne touchaient rien de ce qui fait l'essence même de la vie quotidienne de la nation. Puisque le gouvernement provisoire de 1848 ne touchait ni à la propriété, ni au salaire, ni à l'exploitation, il pouvait bien se borner à des phrases plus ou moins ronflantes, à donner des ordres, à faire, en un mot, ce que l'on fait chaque jour dans les bureaux de l'Etat. Il n'avait que la phraséologie à changer. Et cependant, rien que ce travail absorbait déjà toutes les forces des nouveaux venus.

Pour nous, révolutionnaires, qui comprenons que le peuple doit manger et nourrir ses enfants avant tout, la tâche sera autrement difficile. — Y a-t-il assez de farines ? Viendront-elles jusqu'aux fours des boulangers ? Et comment faire pour que les apports de viande et de légumes ne cessent pas ? Chacun a-t-il un logis ? Le vêtement ne manque-t-il pas ? et ainsi de suite. Voilà ce qui nous préoccupera.

Mais tout cela demandera un travail immense, féroce, — c'est le mot — de la part de ceux qui auront à cœur le succès de la révolution. — « D'autres ont eu la fièvre pendant huit jours, six semaines » disait un ancien conventionnel dans ses mémoires, — « nous l'avons eue pendant quatre ans sans interruption ». Et c'est miné de cette fièvre, au milieu de toutes les hostilités et de tous les déboires — car il y en aura aussi — que le révolutionnaire devra travailler.

Il devra agir. Mais comment agir s'il ne sait, dès longtemps, quelle idée le guidera, quelles sont les grandes lignes de l'organisation qui, selon lui, répond aux besoins du peuple, à ses désirs vagues, à sa volonté indécise ?

Et on ose encore dire que de tout cela nul besoin, que tout s'arrangera de soi-même ! Plus intelligents que ça, les bourgeois étudient déjà les moyens de mater la révolution, de l'escamoter, de la lancer dans une voie où elle devra échouer. Ils étudient, non seulement les moyens d'écraser par les armes le soulèvement populaire, dans les campagnes (au moyen de petits trains blindés, de mitrailleuses), aussi bien que dans les villes (ici, les états-majors ont étudié les détails en perfection) ; mais ils étudient aussi les moyens pour mater la révolution en lui faisant des concessions imaginaires mais opportunes, en semant la corruption parmi les révolutionnaires, en les lançant dans des voies où la révolution est sûre de s'embourber dans la fange de l'intérêt personnel et des luttes mesquines individuelles.

Oui, la révolution sera une fête, si elle travaille à l'affranchissement de tous ; mais pour que cet affranchissement s'accomplisse, le révolutionnaire devra déployer une audace de pensée, une énergie d'action, une sûreté de jugement, et une âpreté au travail dont le peuple a rarement fait preuve dans les révolutions précédentes, mais dont les précurseurs commencèrent déjà à se dessiner dans les derniers jours de la Commune de Paris et dans les premiers jours des grèves de ces dernières vingt années.

V

— « Mais où prendrons-nous cette audace de pensée et cette énergie au travail d'organisation, quand le peuple ne l'a pas ? N'admettez-vous pas vous-mêmes — nous dira-t-on — que si la force d'attaque ne manque pas au peuple, l'audace de la pensée et l'âpreté à la reconstruction lui ont trop souvent fait défaut ? ».

Nous l'admettons parfaitement. Mais nous n'oublions pas non plus la part qui revient aux hommes d'initiative dans les mouvements populaires. Et c'est de cette initiative que nous allons dire maintenant un mot pour terminer notre étude.

L'initiative, la libre initiative de chacun, et la possibilité pour chacun de faire valoir cette force lors des soulèvements populaires, voilà ce qui a toujours fait la puissance irrésistible des révolutions. Les historiens autoritaires en parlent peu ou point. Mais c'est sur cette force que nous comptons pour entreprendre et accomplir l'œuvre immense de la révolution sociale.

Si les révolutions du passé ont fait quelque chose, c'est exclusivement grâce aux hommes et femmes d'initiative, aux inconnus qui surgissaient dans les foules et ne craignaient pas d'accepter, vis-à-vis de leurs frères et de l'avenir, la responsabilité d'actes, considérés d'une audace insensée par les timides.

La grande masse se décide difficilement à entreprendre quelque chose qui n'ait pas eu un précédent dans le passé. On peut s'en convaincre tous les jours Si la routine nous enveloppe de ses moisissures à chaque pas, c'est qu'il manque d'hommes d'initiative pour rompre avec les traditions du passé et se lancer hardiemnt dans l'inconnu. Mais si une idée germe dans les cerveaux, vague encore, confuse, incapable de se traduire dans les faits, et que des hommes d'initiative surviennent et se mettent à l'œuvre, ils sont immédiatement suivis, — pourvu que leur œuvre réponde aux vagues aspirations. Et lors même que, rompus de fatigue, ils se retirent, le travail commencé sera continué par des milliers de continuateurs, dont on n'osait même pas supposer l'existence. C'est l'histoire de toute la vie de l'humanité, — histoire que chacun peut constater de ses propres yeux, par sa propre expérience. Il n'y a que ceux qui ont voulu marcher à l'encontre des vœux et des besoins de l'humanité, qui se sont vus maudits et abandonnés par leurs contemporains.

Malheureusement, les hommes d'initiative sont rares dans la vie de tous les jours. Mais ils surgissent aux époques révolutionnaires, et ce sont eux, à proprement dire, qui font les œuvres durables des révolutions.

Ceux-là font notre espoir et notre confiance dans la prochaine révolution. Qu'ils aient seulement la conception juste et, partant, large de l'avenir, qu'ils aient l'audace de la pensée et ne s'acharnent pas à faire revivre un passé condamné à mourir ; qu'un idéal sublime les inspire, — et ils seront suivis. Jamais, à aucune époque de son existence, l'humanité n'a tellement senti le besoin d'une grande inspiration qu'à ce moment où nous vivons, après avoir traversé un siècle de pourriture bourgeoise.

***

Mais pour qu'ils surgissent, il faut l'œuvre préparatoire. Il faut que les idées nouvelles, — celles qui marqueront un nouveau point de départ dans l'histoire de la civilisation, soient ébauchées avant la révolution ; qu'elles soient fortement répandues dans les masses, afin qu'elles puissent y être soumises à la critique des esprits pratiques et, jusqu'à un certain point, à la vérification expérimentale. Il faut que les idées qui germent avant la révolution soient assez répandues pour qu'un certain nombre d'esprits s'y sentent accoutumés. Il faut que ces mots : « anarchie », « abolissement de l'Etat », « libre entente des groupements ouvriers et des communes », « la commune communiste » deviennent familiers — assez familiers pour que les minorités intelligentes cherchent à les approfondir.

Alors, les Chalier, les Jacques Roux, les Dolivier de la prochaine révolution seront compris par les masses qui, une fois la première surprise passée, apercevront dans ces mots l'expression de leurs propres aspirations.

— Mais l'envie des opprimés eux-mêmes ? N'a-t-on pas souvent remarqué et avec raison, que l'envie fait l'écueil des démocraties ? Que si le travailleur subit avec trop de patience l'arrogance du maître en paletot, il regarde d'un œil envieux jusqu'à l'influence personnelle du camarade d'atelier. — Ne nions pas le fait ; ne nous retranchons même pas derrière l'argument, très juste d'ailleurs, que l'envie naît toujours de la conscience que le camarade, une fois l'influence acquise, l'emploiera à trahir ses camarades d'hier, et que le seul moyen de paralyser l'envie, comme la trahison, serait d'ôter au camarade, comme au bourgeois, la possibilité d'accroître son autorité, de devenir un maître.

Tout cela est juste ; mais il y a plus. Nous tous, avec notre éducation autoritaire, quand nous voyons une influence surgir, nous ne pensons la réduire qu'en l'annihilant ; et nous oublions qu'il y a un autre moyen, infiniment plus efficace, de paralyser les influences, déjà nuisibles, ou celles qui tendent à le devenir. C'est celui de *faire mieux à côté.*

Dans une société servile, ce moyen est impossible et, enfants d'une société servile, nous n'y pensons même pas. Un roi devenu insupportable, — quel moyen avons-nous de nous en débarrasser, si ce n'est de le tuer ? Un ministre nous gêne-t-il, que faire, sinon chercher un candidat pour le remplacer ? Et quand un « élu du peuple » nous dégoûte, nous en cherchons un autre pour lui faire concurrence. Cela se passe ainsi. Mais, est-ce bien raisonnable ?

Que pouvaient faire, en effet, les Conventionnels en présence d'un roi qui leur disputait le pouvoir, si ce n'était le guillotiner ? et que pouvaient faire les représentants de la Montagne en présence d'autres représentants, investis des mêmes pouvoirs — les Girondins, — si ce n'était de les envoyer à leur tour au bourreau ? Eh bien, cette situation du passé reste en nous jusqu'à présent, tandis que le seul moyen vraiment efficace de paralyser une initiative nuisible est *de prendre soi-même l'initiative de l'action dans une meilleure direction.*

Aussi, quand nous entendons les révolutionnaires se pâmer d'aise à l'idée de poignarder ou de fusiller les gouvernants qui pourraient s'imposer pendant la révolution, nous sommes saisis d'épouvante en pensant que les forces des vrais révolutionnaires pourraient s'épuiser en luttes qui ne seraient, au fond, que des luttes pour ou contre les individus qui se donneraient du galon. Leur faire la guerre, c'est déjà reconnaître la nécessité d'avoir d'autres hommes couverts du même galon.

En 1871, on voit déjà, à Paris, un vague pressentiment d'une meilleure manière d'agir. Les révolutionnaires du peuple semblaient comprendre que le « Conseil de la Commune » devait être considéré comme un simple décor, comme un tribut payé aux traditions du passé; que le peuple, non seulement, ne devait pas désarmer, mais qu'il devait maintenir, à côté du Conseil, *son organisation intime, ses groupes fédérés,* et que de ces groupes, non de l'Hôtel de Ville, devaient sortir les mesures nécessaires pour le triomphe de la révolution. Malheureusement, une certaine modestie des révolutionnaires populaires, appuyée aussi par les préjugés autoritaires, encore très enracinés à cette époque, empêchèrent ces groupes fédérés d'ignorer totalement le Conseil et d'agir, comme s'il n'eût pas existé du tout, pour ouvrir une nouvelle ère de *construction* sociale.

***

Nous n'éviterons pas le retour de ces tentatives de gouvernement révolutionnaire lors de la prochaine révolution. Mais, sachons, du moins, que le moyen le plus efficace d'annuler son autorité ne sera pas celui de comploter des coups d'Etat, qui ne feraient que ramener le pouvoir sous une autre forme aboutissant à la dictature. Le seul moyen efficace sera de constituer dans le peuple même une force, puissante par son action et les faits révolutionnaires constructifs qu'elle aura accomplis, *ignorant* le pouvoir quel que soit son nom, et grandissant toujours par son initiative révolutionnaire, son élan révolutionnaire, et son œuvre de démolition et de réorganisation. Pendant la Grande Révolution de 1789-1794 ce furent les sections de Paris et d'autres grandes villes et des municipalités révolutionnaires dans les petites villes qui, dépassant la Convention et les organes provinciaux du gouvernement révolutionnaire, se mirent à ébaucher des tentatives de reconstruction *économique* et *de libre entente* de la Société. C'est ce que nous démontrent, aujourd'hui, les documents, déjà publiés, concernant l'activité de ces organes trop méconnus de la révolution.

Un peuple qui aura su organiser lui-même la consommation des richesses et leur reproduction dans l'intérêt de toute la société, ne pourra plus être gouverné. Un peuple qui sera lui-même la force armée du pays, et qui aura su donner aux citoyens armés la cohésion et l'unité d'action nécessaires, ne sera plus commandé. Un peuple qui aura lui-même organisé ses chemins de fer, sa marine, ses écoles, ne pourra plus être administré. Et enfin, un peuple qui aura su organiser ses arbitres pour juger les petites disputes, et dont chaque individu se considérera comme un devoir d'empêcher que le gredin n'abuse du faible, sans attendre l'intervention providentielle du sergent de ville, n'aura besoin ni d'argousins, ni de juges, ni de geôliers.

Dans les révolutions du passé, le peuple se chargeait de l'œuvre de démolition; quant à celle de réorganisation, il la laissait aux bourgeois. — « Mieux versés que nous dans l'art de gouverner, venez, seigneurs; organisez-nous, ordonnez-nous le travail, pour que nous ne mourrions pas de faim; empêchez-nous de nous entre-dévorer, punissez et pardonnez selon les lois que vous aurez faites pour nous, pauvres d'esprit ! » — Et l'on sait comment ils profitaient de l'invitation.

Eh bien, la tâche qui s'impose au peuple lors du prochain soulèvement, sera de s'emparer précisément de cette fonction qu'il a abandonnée jadis aux bourgeois. Elle sera de *créer*, — d'organiser, en même temps que de détruire.

Pour accomplir cette tâche, la révolution populaire aura besoin de toute la puissance d'initiative de tous les hommes de cœur, de toute l'audace de leur pensée, affranchie des cauchemars du passé, de toute leur énergie. Elle devra aussi se garder de paralyser l'initiative des plus résolus : elle devra simplement redoubler d'initiative, si celle des autres vient à manquer, si elle s'émousse, ou si elle prend une fausse direction. L'audace de la pensée, une conception nette et large de tout ce que l'on veut, la force constructive surgissant du peuple lui-même à mesure que la négation de l'autorité se fait jour; et enfin, l'initiative de tous dans l'œuvre de reconstruction, — voilà ce qui donnera à la révolution la puissance qu'elle doit posséder pour vaincre.

C'est précisément ces forces que la propagande active des anarchistes, aussi bien que la philosophie même de l'Anarchie, tendent à développer. À la discipline, — cet ancre de salut des autoritaires, — ils opposent la pleine initiative de tous et de chacun. Aux conceptions mesquines de petites réformes, préconisées par les partis embourgeoisés, ils opposent la conception large et grande de la révolution qui, seule, peut donner l'inspiration nécessaire. Et, à ceux qui aimeraient voir le peuple se borner à un rôle de meute lancée contre les gouvernants du jour, mais toujours retenue à temps par le fouet, nous disons : « La part du peuple dans la révolution doit être *positive*, en même temps que *destructive*. Car lui seul peut réussir à *réorganiser la société* sur des bases d'*égalité* et de *liberté* pour tous. Remettre ce soin à d'autres, serait trahir la cause même de la révolution. »

LA PRODUCTRICE, 51, rue Saint-Sauveur, Paris.

LECTURES POUR ENFANTS

Tous les livres de lecture pour enfants sont entachés de fausse morale religieuse ou bourgeoise. Nous avons cherché, dans la littérature de divers pays, les contes qui pouvaient amuser sans fausser l'esprit et, à cette heure, nous avons en vente trois volumes de contes choisis intitulés le **Coin des Enfants,** 1re, 2e et 3e séries, contenant des illustrations de Hermann-Paul, Kupka, Delannoy, Hénault, Iribe, Willaume, M. H. T. Delaw, et de Roëck.

Chaque volume : 3 francs
Les trois ensemble : 7 fr. 50

NOUS EN PRÉPARONS UNE 4e SÉRIE

Ouvrages de C.-A. LAISANT

En vente aux TEMPS NOUVEAUX

L'Education fondée sur la science, préface d'Alfred Naquet, in-16, 3e édition, 1911 (Alcan) 2 50

Initiation mathématique, ouvrage étranger à tout programme, dédié aux amis de l'enfance ; in-16, 13e édition, 1913 (Hachette) .... 2 »

L'Enseignement du calcul, conseils aux instituteurs ; in-16, 1910 (Hachette) .... » 60

La Mathématique; philosophie; enseignement ; in-8, 2e édition, 1907 (Gauthier-Villars) .... 5 »

L'Anarchie bourgeoise, in-16, 2e édition, 1892 (*épuisé*).

BROCHURE

L'Illusion parlementaire (1909) .... » 10

TERRE LIBRE

Par J. GRAVE. Illustrations de M. H. T.

Dans ce conte, écrit pour la « Escuela Moderna » de Ferrer, l'auteur a tenté de donner un aperçu de ce que pouvait être, dans une société égalitaire, l'organisation du travail.

Prix de l'exemplaire : 3 francs.

LES "TEMPS NOUVEAUX" Paraissant tous les 8 jours avec un Supplément littéraire.
10 *cent. le numéro.* — *Administration :* **4, rue Broca.**
ABONNEMENT : France, un an, **6** fr.; Extérieur, **8** fr.

EN VENTE AUX "TEMPS NOUVEAUX"

Aux Jeunes Gens, par KROPOTKINE, couverture de ROUBILLE..............
Le Machinisme, par J. GRAVE, couverture de LUCE........................ » 15
Pages d'histoire socialiste, par W. TCHERKESOFF.......................... » 15
A mon Frère le Paysan, par E. RECLUS, couverture de RAIETER.......... » 30
Déclarations d'Etiévant, couverture de JEHANNET.......................... » 15
La Colonisation, par J. GRAVE, couverture de COUTURIER.................. » 15
Entre Paysans, par E. MALATESTA, couverture de WILLAUME................ » 15
L'Organisation de la Vindicte appelée Justice, par KROPOTKINE, couverture de J. HÉNAULT.. » 15
L'Anarchie et l'Eglise, par E. RECLUS et GUYOU, couv. de DAUMONT........ » 15
La Grève des Electeurs, par MIRBEAU, couverture de ROUBILLE.............. » 15
Organisation, Initiative, Cohésion, par J. GRAVE, couverture de SIGNAC... » 15
Le Tréteau électoral, piécette en vers, par LÉONARD, couv. de HEIDBRINCK. » 15
L'Election du Maire, piécette en vers, par LÉONARD, couverture de VALLOTON. » 15
La Mano-Negra, couverture de LUCE..................................... » 15
La Responsabilité et la Solidarité dans la Lutte ouvrière, par NETTLAU, couverture de DELANNOY.. » 15
Si j'avais à parler aux Electeurs, par J. GRAVE, couvert. de HERMANN-PAUL » 15
La Mano-Negra et l'Opinion française, couverture de HÉNAULT.......... » 10
La Mano-Negra, dessins de HERMANN-PAUL................................. » 10
Entretien d'un Philosophe avec la Maréchale, par DIDEROT, couverture de GRANDJOUAN... » 40
L'Etat, son rôle historique, par KROPOTKINE, couverture de STEINLEN.... » 15
La Femme esclave, par CHAUGHI, couverture de HERMANN-PAUL.............. » 25
Vers la Russie libre, par BULLARD, couverture de GRANDJOUAN............ » 15
Le Syndicalisme dans l'Evolution sociale, par J. GRAVE, couv. de NAUDIN. » 45
Les Habitations qui tuent, par Michel PETIT, couverture de Frédéric JACQUE. » 15
Le Salariat, par P. KROPOTKINE, couverture de KUPKA...................... » 15
Les Incendiaires, par VERMESCH, couverture de HERMANN-PAUL............. » 15
Sur l'Individualisme, par PIERROT, couverture de MAURIN................ » 15
L'Entente pour l'Action, par J. GRAVE, couverture de RAIETER.......... » 15
Quelques Vérités économiques, par Louis BLANC, couverture de DISSY... » 15
Une des Formes nouvelles de l'esprit politicien, par Jean GRAVE, couverture de LUCE... » 10
Travail et Surmenage, par M. PIERROT.................................... » 10
La Conquête des Pouvoirs Publics, par J. GRAVE, couverture de LUCE » 15
Le Parlementarisme contre l'action ouvrière, par PIERROT et GIRARD, couverture de RODO PISSARO.................................... » 10
La Royauté du Peuple souverain, par PROUDHON, couverture de RAIETER... » 15
Les Conditions du Travail dans la Société actuelle, par SIMPLICE....... » 10
L'Evangile de l'Heure, par BERTHELOT, couverture de JEHANNET.......... » 10
Travail de l'Enfance dans les Verreries, par DELZANT, dessin GRANDJOUAN. » 15
Les Trois Complices (prêtre, juge, soldat), par R. CHAUGHI, dessin RAIETER. » 15
La Guerre, par Pierre KROPOTKINE, couverture de STEINLEN.............. » 15
Contre la loi Millerand, par F. DELAISI, couverture illustrée............ » 15
L'Hygiène des Nourrissons, par M. PETIT, dessin de SIGNAC............. » 15
A bas les Chefs, par DÉJACQUES, couverture de SIGNAC.................. » 15
Les Scientifiques, par Jean GRAVE, couverture de HERMANN-PAUL......... » 15
La Loi et l'Autorité, par KROPOTKINE, couverture d'ANGRAND............ » 10
Le Militarisme, par DOMELA NIEUWENHUIS................................. » 15
Contre la Folie des Armements, par Jean GRAVE, couverture de LUCE... » 15
L'Idée révolutionnaire dans la Révolution, par P. KROPOTKINE, couv. MAURIN » 15
L'Education de demain, par C. A. LAISANT................................. » 15
Socialisme et Syndicalisme, par M. PIERROT, couverture de RAIETER..... » 15
Anarchistes et Bandits, par A. GIRARD, couverture de P. LARIVIÈRE....... » 15
L'Esprit de révolte, par Pierre KROPOTKINE.................................. » 15
Ce que nous voulons, par Jean GRAVE....................................... » 10
Esprit révolutionnaire et Syndicalisme, par Jacques MESNIL............. » 10
L'Action anarchiste dans la Révolution, par Pierre KROPOTKINE......... » 15

www.ingramcontent.com/pod-product-compliance
Ingram Content Group UK Ltd.
Pitfield, Milton Keynes, MK11 3LW, UK
UKHW020407250726
13967UKWH00006B/2523

9 782011 941916